LES
CHEMINS DE FER

ET LA

NAVIGATION

PAR

CH.-F. LAPIERRE,

Rédacteur en chef du Nouvelliste de Rouen.

« Je veux que les canaux fonctionnent
en même temps que les chemins de fer et
concourent avec eux à la prospérité du
pays. »

(Paroles prononcées par l'Empereur
Napoléon III à Napoléonville.)

PRIX : 1 FRANC.

ROUEN

LEBRUMENT, LIBRAIRE-ÉDITEUR,
Quai Napoléon, 55.

1860.

LES CHEMINS DE FER

ET

LA NAVIGATION.

LES
CHEMINS DE FER

ET LA

NAVIGATION

PAR

CH.-F. LAPIERRE,

Rédacteur en chef du Nouvelliste de Rouen.

« Je veux que les canaux fonctionnent
en même temps que les chemins de fer et
concourent avec eux à la prospérité du
pays. »

(Paroles prononcées par l'Empereur
Napoléon III à Napoléonville.)

PRIX : 1 FRANC.

ROUEN
LEBRUMENT, LIBRAIRE-ÉDITEUR,
Quai Napoléon, 55.

1860.

LES
CHEMINS DE FER
ET LA
NAVIGATION.

I.

Les tarifs différentiels, communs, spéciaux ou d'abonnement, ont déjà beaucoup préoccupé l'opinion publique. Ils ont été l'objet de dëlibérations fréquentes de la part des conseils généraux et des chambres de commerce ; enfin des brochures ont été écrites pour défendre ou combattre ces tarifs, au point de vue de leur légalité aussi bien qu'en vue des résultats que l'on devait attendre de leur application.

L'autorité supérieure, au milieu de cette diversité d'opinions, a voulu, dans sa sagesse, s'éclairer par la pratique ; elle a homologué ces tarifs, *mais à titre provisoire seulement,* afin de les juger par l'expé-. rience. Cette expérience est acquise, et nous possédons aujourd'hui tous les éléments d'appréciation.

Le commencement des tarifs exceptionnels coïncida

avec l'achèvement des premières de nos grandes lignes. Ces tarifs ont pour but de soustraire certaines marchandises au tarif général, et de leur appliquer exceptionnellement, d'un point à un autre, des taxes arbitraires, dans lesquelles il n'est tenu compte ni de la classification, ni du principe de la base kilométrique.

De ce nombre est *le tarif spécial pour les vins et eaux-de-vie de Bordeaux et d'Angoulême en destination de Paris exceptionnellement et les au delà.* Aux termes de ce tarif, la compagnie d'Orléans perçoit de Bordeaux à Paris (Ivry), 37 fr. de la tonne ou 8 cent. par kilomètre et par tonne; d'Angoulême à Paris le même prix de 37 fr. ou 8 cent. par kilomètre et par tonne. En deça d'Angoulême, vers Paris, on rentre dans le tarif général de 10 cent. par kilomètre et par tonne.

L'esprit de ce tarif est-il assez évident?... n'apparaît-il pas à tous les yeux que la compagnie d'Orléans a voulu attirer, par la baisse, *les vins qui lui échappaient par voie maritime,* soit au départ de Bordeaux, soit au départ d'Angoulême par la Charente. Quant à l'intérêt général que l'on invoquait pour justifier un pareil tarif, il est évident que cette combinaison lui est préjudiciable, puisque la compagnie d'Orléans n'a d'autre but que de détruire la navigation, et que pour compenser les concessions qu'elle fait d'un côté au profit des parcours desservis par le cabotage, elle maintient des prix plus élevés pour les localités qui ne sont point à proximité de la voie navigable. Ce tarif spécial pour les vins était donc imaginé pour ruiner le cabotage entre Bordeaux et les ports de la Manche, et le but a été promptement atteint. Les vins faisaient la principale ressource des affrétements maritimes et cet aliment disparaissant, les chargements sont devenus rares et irréguliers. Qu'en est-il résulté? c'est que certaines marchandises qui profitaient de ces départs fréquents pour arriver aux ports de la Manche et de là à Paris, subissent maintenant les conditions onéreuses du tarif général de la compagnie d'Orléans; tels sont les cafés, les gommes et une grande quantité d'autres marchandises qui s'expédient par fractions de chargements, c'est à dire par parties trop peu importantes pour fournir des chargements complets. Ces sortes de marchandises ne sont pas classées dans les tarifs spéciaux à prix réduits et elles paient le plein du tarif.

Mais pour arriver plus sûrement à détruire le cabotage, il ne fallait pas l'attaquer seulement au départ de Bordeaux, il fallait aussi attaquer jusqu'à *son lest*, son fret de retour. De là un autre tarif, désigné sous le nom de *tarif d'abonnement n° 8*, pour plâtres et engrais. Ce tarif fixe le transport des plâtres au départ de Paris à 5 centimes par kilomètre et par tonne pour Orléans, à 4 centimes pour Tours et Poitiers, 3 centimes pour Angoulème, et 2 centimes 1/4 pour Bordeaux.

Bordeaux est donc le point favorisé parce que le plâtre y arrivait par mer et que la plupart des navires prenaient cette marchandise comme lest au départ de Rouen. Dira-t-on qu'en créant ce prix réduit la compagnie d'Orléans a voulu favoriser le commerce et l'agriculture. Mais alors pourquoi ces différences; pourquoi faire payer aux uns 5 cent. ce que les autres paient 2 cent.? La seule raison que l'on puisse en donner est que la compagnie d'Orléans, forcée d'avilir ses prix là où elle rencontre une concurrence, se dédommage largement sur la partie de son parcours où elle est maîtresse.

Cependant le progrès que les chemins de fer apportaient dans les moyens de transport devait naturellement provoquer aussi le progrès dans les moyens employés dans le cabotage comme dans les navigations maritime et fluviale. En effet, des compagnies se formèrent et, à un moment donné, on vit à la fois dans le port de Rouen cinq magnifiques vapeurs affectés à un service de Rouen à Alger, dix vapeurs prenant rang de Rouen à Bordeaux, un service de Paris à Londres, touchant à Rouen, et enfin trente ou quarante bateaux allant du Havre à Rouen et à Paris. Alors on était naturellement amené à penser que les chemins de fer et la navigation, appelés à participer chacun au mouvement des transports, seraient, par leur concours simultané, d'utiles et puissants auxiliaires pour le commerce.

Mais les compagnies de chemins de fer, toujours envahissantes, ont imaginé les tarifs spéciaux, et voici comment elles tirent parti de cette arme dangereuse.

Pour combattre l'entreprise rivale qui existe ou se crée, la compagnie s'attache particulièrement à lui enlever les marchandises qui composent la majeure partie de ses chargements, c'est à dire qui se présentent en assez grande quantité pour lui permettre d'effectuer des départs réguliers ; même tactique pour les marchandises qui peuvent lui procurer le fret le lpus rémunérateur.

Dans ce but, on propose à l'autorité un tarif spécial d'abonnement pour ces mêmes et seules marchandises, et, par ce moyen aussi simple qu'infaillible, le chemin de fer a promptement raison du concurrent qui le gênait ; tout lui est avantage, car le sacrifice qu'il semble faire dans ces circonstances n'existe même pas ; il se trouve largement compensé par l'affluence de toutes les autres marchandises obligées dès lors d'emprunter son parcours, et qui sont, bien entendu, taxées au plein du tarif. Tel est le système employé par les compagnies de l'Ouest, de Lyon et d'Orléans, pour faire disparaître du port de Rouen les entreprises de bateaux à vapeur de Rouen à Alger et de Rouen à Bordeaux.

Depuis longtemps le commerce de Rouen avec l'Algérie avait pris des proportions importantes ; depuis bientôt vingt ans, on était en possession d'une ligne de navigation régulière par bateaux à voile entre Rouen, Alger, Oran et Philippeville. Les calicots de Rouen faisaient le fond de ces affrétements, et les navires se complétaient avec des marchandises de toutes sortes, que l'on appelait de Paris, du nord, de l'ouest et de l'est de la France. En un mot, les expéditions générales de la France pour l'Algérie se trouvaient entièrement réparties entre Rouen, d'une part, Marseille et Cette d'autre part.

Tel était l'état des choses quand la voie ferrée vint

aboutir à Marseille. Les navires à voile, qui déjà n'é-
taient plus attirés au port de Rouen par les ressources
du cabotage de Bordeaux, y devenaient plus rares ;
les affrètements se faisaient plus difficilement, et pour
conserver à la ligne sa régularité et son importance,
MM. Deloys et Fraissinet organisèrent, au moyen de
cinq grands steamers, un service régulier de Rouen
à Lisbonne, Alger et Marseille.

Les calicots de Rouen, dont on expédiait 3 à
400,000 kilos par mois en Algérie, fournissaient évidemment le fret régulier et rémunérateur de cette
entreprise. Sur 300 tonnes environ que les navires
pouvaient enlever à chaque départ de Rouen, 100 à
130 tonnes se composaient de tissus payant 160 fr.
de fret par 1,000 kilos ; le reste du chargement se
composait de marchandises venues de Paris, du Nord
et de l'Est, qui n'auraient pu supporter les frais du
chemin de fer pour gagner Marseille. Ces marchandises payaient de 30 à 60 fr. de la tonne, suivant
leur nature ou leur volume. Or, il n'est pas difficile
de comprendre qu'en enlevant à ce service ces 100 à
130 tonnes de tissus, c'est à dire son aliment régulier, on attaquait ainsi son seul fret rémunérateur.
D'autre part, le sacrifice fait par le chemin de fer pour
obtenir ces marchandises devait être largement compensé par les 200 tonnes des marchandises diverses,
qui, n'ayant plus d'écoulement par Rouen, devraient
emprunter forcément la voie ferrée pour embarquer
à Marseille.

En effet, les chemins de fer de l'Ouest et de Lyon à
la Méditerranée sollicitèrent et obtinrent, *mais à titre*

provisoire seulement, l'homologation d'un tarif spécial commun pour le transport des tissus de coton de Rouen à Alger à 126 fr. la tonne, tandis que les marchandises similaires au départ de Paris paient encore 180 à 200 fr. la tonne. Il faut encore remarquer que ce tarif est *spécialement* pour Alger et que les maisons de Marseille, qui cependant pourraient prétendre à faire du trafic en Algérie, paient aussi cher de Rouen à Marseille qu'il en coûte par ledit tarif pour aller de Rouen à Alger. Ces tarifs spéciaux ne constituent pas un avantage pour ceux qui commercent sur tel ou tel article, mais seulement pour ceux qui font le commerce de telle localité à telle localité. Avec de pareils moyens, toute concurrence devient impossible, et on est en droit de s'étonner qu'en présence des cahiers des charges qui stipulent une perception par tonne et par kilomètre, perception qui se fera indistinctement et sans aucune faveur, des compagnies puissent arbitrairement bouleverser la classification des marchandises, varier les prix par kilomètre, suivant la localité et les distances, maintenir leur taxe *maximum* là où elles n'ont pas de concurrence, et les abaisser même au-dessous d'un taux rémunérateur quand il s'agit de ruiner les entreprises rivales.

En présence d'une baisse aussi considérable, la ligne des paquebots de MM. Deloys et Fraissinet, qui rendait de si grands services au commerce et qui reliait le nord de la France à notre colonie d'Alger, a disparu, et ses navires n'ont pas tardé à déserter le port de Rouen.

Maintenant, qu'est-il résulté de la cessation de ce service? Il en est résulté que les 100 à 130 tonneaux de tissus, qui se chargeaient dans les navires Deloys et Fraissinet, paient un fret moins élevé de 3 ou 4 fr. des 100 kilos, en usant des avantages du service spécial ; mais ce n'est là qu'un résultat bien insignifiant au point de vue du commerce, sur une marchandise qui vaut 450 à 500 fr. les 100 kilos.

Si d'un côté les expéditeurs de tissus n'ont rien gagné, ou du moins fort peu de chose, en revanche la quincaillerie, le commerce des cuirs, les fabriques de faïence, tous les gros articles de Paris, les machines et une multitude d'articles qui trouvaient place dans les steamers de Deloys et Fraissinet, à 30, 40 et 50 fr. de la tonne, de Rouen à Alger, sont aujourd'hui dans une déplorable situation. En effet, comment tous ces articles peuvent-ils se procurer un fret aussi avantageux? Il faut que les industries renoncent à leurs opérations, si leurs marchandises ne leur permettent pas de payer le double et le triple pour aller à Marseille.

A l'appui de ce qui précède, voici un fait que nous choisissons entre plusieurs pour le reproduire comme exemple :

MM. Lebœuf, Millet et Ce, dont on a admiré les belles faïences et porcelaines à l'exposition de Rouen, ont créé d'importantes relations avec l'Algérie ; 30,000 kilos par mois des produits de leurs usines de Creil et Montereau trouvaient dans notre colonie un écoulement assuré. Ces expéditions, composées généralement de faïences ordinaires, ne pourraient supporter la voie de Marseille, parce que, comparativement aux prix que ces exporteurs ont payé jusqu'ici de Rouen à Alger, ils se trouveraient constitués en perte de plus de 80 fr. par tonne. Ils ont donc persisté à diriger par Rouen leurs expéditions ; mais, malheureusement, par suite de l'affaiblissement de notre cabotage, les caisses de MM. Lebœuf, Millet et C\ restent là sur les quais, sans qu'on puisse trouver de navire, et ces honorables industriels se verront forcés d'abandonner leurs opérations d'Algérie, parce que leurs articles ne peuvent supporter le prix du fret par la voie de Marseille.

On nous pardonnera d'avoir insisté particulièrement sur la position faite à Rouen par cette lutte. Nous avons dû prendre pour premier objet de cette discussion la ville même où ces articles ont été publiés pour la première fois.

Nous allons maintenant poursuivre notre revue des tarifs différentiels, afin d'arriver à démontrer par un ensemble de faits généraux ce qu'ils ont déjà produit, et quelles seront pour l'avenir les conséquences d'un antagonisme (si on peut appeler ainsi une lutte à armes aussi inégales) qui tendrait à détruire la navigation sans faire la fortune des chemins de fer.

II.

Nous avons démontré par quelles combinaisons les chemins de fer avaient presqu'anéanti notre cabotage à voile, et comment ils avaient démonté la ligne de bateaux à vapeur de Rouen en Algérie. Nous allons examiner maintenant les tarifs différentiels qui ont été conçus en vue du seul service régulier de cabotage à vapeur que ce port possède encore aujourd'hui. Nous voulons parler du service de Rouen à Bordeaux. On verra comment une entreprise fortement organisée a pu s'amoindrir graduellement sous les coups successifs des tarifs différentiels.

En 1854, une ligne de bateaux à vapeur à hélice, les *Porteurs maritimes*, vint prendre Rouen pour port d'attache. Cette ligne desservait Rouen et Bordeaux, et employait un matériel de huit à dix vapeurs. La compagnie avait projeté de faire escale aux principaux ports de Bretagne avec lesquels notre place entretient des relations importantes et suivies. L'entreprise était bien conçue, les départs étaient fréquents et les voyages rapides. Les bateaux effectuaient en cinq jours environ le voyage de Rouen à Bordeaux et *vice versâ*.

Une entreprise de ce genre, montée avec un capital de plusieurs millions, chargée des frais inhérens aux services à vapeur, avait en vue une exploitation bien différente de celle du cabotage à voile. Les marchandises qui faisaient ordinairement les affrètements des caboteurs à voile ne devaient faire que le complément et le lest des vapeurs. La compagnie, comme fret rémunérateur, attirait à elle, par la régularité de ses départs, les marchandises plus pressées, celles de première série, qui jusqu'alors n'avaient pu être recherchées par les navires à voile, notamment la rouennerie, les cotons filés, qui s'expédient de Rouen par quantités considérables pour Bordeaux, Toulouse, Bayonne et tout le Midi.

De plus, certaines marchandises de Paris, les provenances du Nord, la ferronnerie des Ardennes, les faïences, les produits chimiques, les vins de Champagne étaient appelés utilement à Rouen, et trouvaient un écoulement avec une vitesse presqu'égale à celle du chemin de fer, et une économie notable dans le transport.

Au départ de Bordeaux pour Rouen, les vins, les eaux-de-vie, les indigos, les gommes, et généralement toutes les marchandises à destination de cette dernière place, étaient acquises à ce service, et le commerce de liquides, si considérable dans cette dernière ville, trouvait par l'emploi de ces navires des avantages facilement appréciables.

Le tarif des plâtres par abonnement, de Paris à

Bordeaux, quoique ayant été conçu pour retirer le lest aux navires à voile, fut bien aussi un obstacle dans l'exploitation de l'entreprise, car le plâtre était aussi indispensable pour lester les vapeurs. L'agence trouva les marchands de plâtre de Bordeaux liés par ce taux d'abonnement à la compagnie d'Orléans. Elle dut d'abord charger et vendre le plâtre pour son propre compte, et se trouver ainsi en hostilité avec les détenteurs de cette marchandise. Elle renonça bientôt à ce moyen, mais elle dut porter dans ses navires un lest permanent et onéreux, que l'on menait et ramenait de Bordeaux. Nous insistons sur ce tarif du plâtre, parce que c'est une des combinaisons qui ont le plus contribué à ruiner notre cabotage avec les ports de l'Océan. On peut même affirmer que, sans cette difficulté, notre marine de commerce eût pu encore résister aux conditions défavorables dans lesquelles elle se trouvait.

Néanmoins, le service de Bordeaux à Rouen prospérait, malgré le contre-temps sérieux que nous venons d'indiquer.

Le moment était venu pour les chemins de fer de l'Ouest et d'Orléans d'user de leur tactique habituelle pour enlever le fret rémunérateur à ce service gênant, et désorganiser une entreprise qui leur portait ombrage. Il s'agissait donc de limiter la baisse aux points concurrencés, sans toucher, bien entendu, au tarif général de chaque compagnie. C'est dans ce but que les compagnies de l'Ouest et d'Orléans ont sollicité et obtenu, à titre provisoire, le tarif commun à prix réduits (10 juin 1854), pour les marchandises allant

du réseau de l'Ouest vers le réseau d'Orléans et réci-
proquement. Ce tarif est combiné de telle sorte qu'il
fait un feu croisé : d'un côté, il attaque la navigation
maritime, et de l'autre, il empêche la navigation fluviale de participer jusqu'à Paris aux transports de la
ligne d'Orléans. En effet, il comporte des concessions exclusives et réciproques que se font, contrairement à la loi, les deux compagnies entre elles. Nous
reviendrons sur ce tarif, en l'examinant par rapport
à la navigation fluviale ; nous en démontrerons l'esprit et le mécanisme.

Frappée par ce tarif différentiel dans le plus clair
de ses recettes, exposée à des tarifs arbitraires con-
certés entre deux puissantes compagnies, l'entreprise
rouennaise réduisit prudemment son matériel et pro-
fita d'une occasion qui s'offrit pour vendre à l'étran-
ger six de ses vapeurs qui naviguent aujourd'hui sous
pavillon russe. Cependant, la ligne de Bordeaux con-
tinuait d'être desservie, mais par trois vapeurs, au
lieu de dix. Cette persistance à ne pas succomber
assez vite devait provoquer, de la part des chemins
de fer de l'Ouest et d'Orléans, des mesures plus vi-
goureuses qui ne se firent pas attendre. En effet, les
compagnies sollicitèrent et obtinrent, à titre provisoire, en janvier dernier, un tarif commun pour les
vins et eaux-de-vie, au départ de Bordeaux, Rochefort et la Rochelle, pour Cherbourg, Caen, Rouen,
le Havre, Dieppe et Fécamp, et pour les huiles au
départ de Caen et Rouen pour Bordeaux, la Rochelle,
Rochefort et Nantes.

Ce tarif saisit corps à corps le cabotage par une

baisse de prix de 60 0 0 sur les tarifs généraux de chaque compagnie, et frappe les seules marchandises qui permettent de composer le chargement des navires. Le tarif commun du 10 juin 1854 (modifié en décembre 1858) comprenait bien toute espèce de marchandises allant du réseau de l'ouest vers le réseau d'Orléans, et *vice versâ*. Il assurait tout le trafic aux deux compagnies, et il ne leur échappait que ce qui s'expédiait par les points qui pouvaient être desservis par la voie de mer : Cherbourg, Caen, Rouen, le Havre, Dieppe, Bordeaux, etc.

Il s'agissait donc de baisser le fret pour les marchandises qui circulaient entre ces différents ports, sans diminuer les prix du transport pour les localités du réseau qui ne sont point à proximité de la mer.

Ce but a été parfaitement rempli par le tarif commun que nous venons de citer. Il est la dénégation la plus complète de la loi des distances et des règles kilométriques ; il révèle de la manière la plus saisissante l'abus que les compagnies font des tarifs spéciaux. On va en juger : la compagnie d'Orléans perçoit *le même prix*, 37 *francs* de la tonne, pour les vins expédiés de sa gare de Bordeaux.

A Orléans.	459	kilomètres.
Paris.	577	—
Rouen.	722	—
Dieppe.	787	—
Havre.	815	—
Fécamp.	808	—
Cherbourg.	743	—

Ainsi, voilà la même marchandise, la même denrée, qui parcourt 459 kilomètres sur la même ligne, et qui paye le même prix que celle transportée à 815 kilomètres. De pareilles licences en matière de tarifs, une concurrence aussi violente et aussi peu dissimulée, doivent forcément obliger les armateurs à abandonner les armements. Ce sera tant pis pour notre commerce, qui tôt ou tard en subira les effets, pour la marine dont l'élan se trouve ainsi comprimé, et enfin pour nos contrées maritimes, privées peu à peu des avantages qui, pour la commodité et l'économie des transactions, devaient résulter du concours simultané de la marine et des chemins de fer.

Les conséquences de l'affaiblissement de notre cabotage sont graves déjà, et, sans exagérer le mal, on peut dès aujourd'hui en signaler le développement : notre commerce, dans les ports de la Baltique du nord, avec l'Espagne, avec l'Algérie et tous les ports de la Méditerranée, de la mer Noire et de la côte d'Afrique, se faisait presqu'exclusivement par navires français de 2 à 400 tonnaux, qui se livraient spécialement à ce que l'on appelle le grand cabotage. Depuis quelque temps, les armateurs ont cessé ce genre d'armements, et ces navires sont devenus rares dans nos ports de la Manche et même de l'Océan. Par suite de cette pénurie, des commandes considérables de machines et de matériel que nos constructeurs avaient obtenues pour les chemins russes et espagnols sont restées de longs mois dans nos ports sans qu'on puisse trouver de navire qui les portât à destination. Ce n'est qu'à un fret excessif, et après avoir été exposé à compromettre par un long retard l'avenir de ces opérations, que l'on a pu enfin les charger pour leurs ports respectifs. Cette difficulté, on l'éprouve aujourd'hui pour tous nos affrétements. Une telle situation, si compromettante pour notre commerce, au milieu de la prospérité de nos affaires, a une cause qu'il faut chercher dans la suppression des ressources que présentait notre cabotage intérieur (d'un port de France à un port de France), aux navires qui se livraient ordinairement au grand cabotage. En voici la raison : soit que la saison d'hiver eût interrompu la navigation dans les contrées du Nord, soit que les affrétements que certains navires recherchaient par préférence ou par des habitudes de navigation, ne fussent pas disponibles, un navire ne restait jamais longtemps inoccupé. Il trouvait toujours l'emploi de son temps dans un voyage à Bordeaux, à Bayonne, à la Rochelle, à Cette, à Marseille ou à Alger, suivant le terme dont l'armateur croyait devoir disposer dans ses intérêts. Il n'était pas d'année qu'un navire ne fît, dans ces conditions, un ou deux de ces voyages par lesquelles il se trouvait utilisé et avec bénéfices. Mais cette ressource importante étant venue à manquer à nos navires, par suite de toutes les combinaisons des tarifs différentiels, les armements ont cessé, et de là la difficulté qu'éprouv e aujourd'hui notre commerce pour tous ses affrétements.

Nos lois, nos tarifs de douanes, nos traités internationaux, tous les actes par lesquels se manifeste la sollicitude du gouvernement pour tout ce qui

touche aux grands intérêts du pays, font un devoir
de ne pas douter un seul instant de la protection accordée à notre marine de commerce. On ne peut
cependant voir sans une certaine inquiétude la persé-
vérance et l'ardeur avec lesquelles deux puissantes
compagnies se concertent pour l'affaiblir, pour l'an-
nuler : et c'est un but qu'elles doivent atteindre sûrement, lorsqu'elles avilissent exclusivement les prix
des transports entre nos ports de l'Océan et de la
Manche. Il serait illusoire de penser, d'ailleurs, que
cette baisse de prix, qui favorise quelques marchandises seulement, soit un véritable avantage pour les
villes appelées à profiter de la lutte. Il est clair que
cette baisse exceptionnelle, exagérée, puisqu'on se
garderait bien de réduire les autres tarifs à son niveau,
calculée en dehors des règles de l'équité commerciale,
n'a d'autre but que de désorganiser les moyens de
transport qui feraient, aussi bien que les chemins de
fer, si ce n'est plus, la prospérité de Cherbourg, de
Caen, du Havre, de Rouen, de Dieppe, de Fécamp,
de Nantes, de la Rochelle, de Rochefort et de Bordeaux. On peut se demander ce que deviendrait cette
baisse si la concurrence n'était plus à redouter.

III.

Nous avons traité dans nos deux chapitres précédents, des tarifs spéciaux qui avaient particulièrement rapport à la navigation maritime ; nous allons parler maintenant de la navigation intérieure et des tarifs qui s'y rattachent.

La navigation intérieure ne devait pas disparaître devant l'avénement des chemins de fer ; elle était appelée comme eux à rendre des services au commerce, parce qu'elle comporte en elle des moyens de vie, de prospérité et de progrès. En effet, de 1853 à 1857, la navigation intérieure transformait complétement son matériel, et en moins de quatre ans, plus de cent cinquante bateaux à vapeur étaient construits à Paris, à Nantes et au Havre. Ainsi l'industrie des transports avait vu les chemins de fer s'organiser et s'accroître ; elle voyait les conquêtes que cette grande industrie était appelée à réaliser, et, en connaissance de cause, elle entrait, comme les chemins de fer, dans la voie du progrès ; la navigation voyait une nouvelle source de richesse pour le pays, elle voulait y participer; mais elle ne devait pas en être victime.

En 1857, une immense flottille de bateaux à vapeur, de porteurs à hélice, de monoroues, de bateaux à turbine, s'était déjà développée sur tous nos cours d'eau navigables, et en certaines contrées les populations étaient à peine remises de l'étonnement que leur avait causé la locomotive, qu'elles voyaient arriver des bateaux à vapeur dans les eaux de leurs canaux qui, jusqu'alors, n'avaient porté que la péniche flamande. A ce moment, malheureusement trop court, la ville de Rouen, favorisée par sa position géographique, était devenue la tête de ligne d'un immense réseau de navigation à vapeur qui s'étendait sur la plus grande partie de la France. Par la mer, les services de bateaux d'Algérie et de Bordeaux nous apportaient les marchandises de l'Algérie, de l'Espagne, du Portugal et du midi de la France; au Havre, nous puisions à la source même du commerce; vers l'intérieur, par l'Oise et l'Aisne, nous nous trouvions en communication avec la Champagne, les canaux des Ardennes et du Nord, et enfin par Paris nous rejoignions le service de navigation à vapeur qui, par l'Yonne, le canal de Bourgogne, la Saône et le Rhône, s'étendait jusqu'à Lyon et à Marseille.

Comment donc un ensemble aussi vaste qui constituait tout un système de navigation si précieux pour le commerce a-t-il déjà croulé?... Comment donc ces bateaux si perfectionnés, si bien appropriés à l'usage des communications rapides dans les canaux et rivières, ont-ils déjà déserté leurs lignes et se trouvent-ils réduits au nombre de quatre-vingts dans une gare de la plaine Saint-Denis?... Cette inactivité dont ils sont frappés afflige profondément l'esprit et offre l'aspect d'un véritable désastre... C'est que partout les compagnies de chemins de fer ont organisé, sous forme de tarifs spéciaux et différentiels, ce même système que nous avons déjà divulgué et qui tend à faire disparaître de nos fleuves et de nos canaux jusqu'aux derniers vestiges des progrès qu'avaient tentés et réalisés les entreprises par eau. La navigation de la Saône et du Rhône, naguère si riche et si puissante, est ruinée et tend à disparaître. Le canal de Bourgogne, les canaux de la Franche-Comté, qui relient la Saône au Rhin, deviennent inactifs et inoccupés. Le magnifique canal de la Marne au Rhin, qui a coûté vingt années de travaux et quatre-vingts millions, est condamné à l'inutilité par les combinaisons préservatrices du chemin de fer de l'Est. Enfin tout progrès se trouve arrêté et là où il résiste encore, il soutient, sous le feu des tarifs différentiels, une lutte inégale et désespérée.

Pour mettre nos lecteurs à même de mieux juger la situation, nous allons restreindre notre examen à la navigation de la Seine et aux tarifs du chemin de fer de l'Ouest.

En janvier 1857, l'autorité supérieure, toujours disposée à donner satisfaction aux vœux légitimes du public, interdit aux compagnies l'usage des traités particuliers. Ces traités particuliers étaient alors le moyen de concurrence le plus usité. La compagnie de l'Ouest surtout en usait largement, mais il lui fallut y renoncer et, pour continuer la guerre contre la navigation, trouver quelque chose de nouveau. On avait bien acheté des bateaux, on s'était fait marinier, mais ce remède homœopathique avait eu très-peu de succès. Toujours est-il que ce même mois de 1857, la compagnie de l'Ouest produisit un nouveau tarif général qui changeait complétement le tarif précédent : le prix du transport des marchandises y était considérablement augmenté et toutes les marchandises de toute espèce n'étaient plus groupées qu'en deux séries, au lieu des quatre séries que contenait l'ancien tarif.

Le prix des marchandises de la première série était à 15 centimes par kilomètre et par tonne ; celui de la deuxième à 10 centimes par kilomètre et par tonne.

Si on se contente de jeter un coup d'œil rapide sur ce tarif, on le trouvera tout simplement bizarre, et on ne s'apercevra pas du piége qu'il tend au commerce ; on s'étonnera certainement de voir le blanc de Meudon taxé au même prix que l'arow-root et les fécules exotiques, les os de bétail au même prix que les toiles de lin et de coton, l'eau naturelle que les liqueurs en bouteilles, le fumier que le coton filé, le charbon que la garancine, les moellons que la bougie, le plâtre cru et cuit que les presses lithographiques, le verre cassé que les préparations pharmaceutiques, etc., etc.; mais on ne découvrira pas sans un examen plus approfondi le but en vue duquel il a été établi.

Il ne faut pas s'y méprendre, ceux qui ont élaboré ce singulier tarif général sont des hommes habiles et par lesquels la question des transports a été sérieusement étudiée, car cette classification étrange cache une combinaison ingénieuse (nous ne voulons pas dire perfide), mais surtout savante en stratégie.

On va en juger : en même temps que l'on exhibait ce nouveau tarif général, on inaugurait le tarif d'abonnement, qui, sous un autre nom, remplace en réalité les traités interdits, les anciens traités particuliers ; ces tarifs d'abonnement, alors seulement au nombre de quatre, sous les numéros 1, 3, 4 et 5, ont si bien rempli leur but qu'ils sont aujourd'hui au nombre de vingt. Ces premiers tarifs comprenaient environ cent vingt sortes de marchandises choisies dans la deuxième série du tarif général comme étant l'aliment ordinaire et principal de la navigation entre le Havre, Rouen et Paris. C'est avec cette quantité de traités d'abonnement que les compagnies parviennent à s'emparer du commerce, qu'à dessein ils placent d'abord en présence d'un tarif exagéré. Ainsi, le prix de transport pour les bois, charbons, produits chimiques, métaux, plâtres, engrais, sucres, etc., est de 15 fr. la tonne de Rouen à Batignolles, pour tous indistinctement et sans aucune faveur ; mais en face de ce tarif général et légal et de ses rigoureuses prescriptions, on vous montre les tarifs d'abonnement qui vous disent : « Si vous vouliez abandonner la navigation, renoncer à ses œuvres et faire vœu de fidélité au chemin de fer de l'Ouest, ce ne serait plus 15 fr. de la tonne, mais seulement 8 fr. 50, 7 fr. et même 3 fr. 25. »

On comprend maintenant pourquoi on a établi un tarif général exagéré dans ses prix. C'est évidemment afin de faire ressortir davantage les prix des tarifs d'abonnement. Il fallait, en un mot, qu'il existât entre les prix de ces tarifs un écart assez considérable pour constituer un appât qui détachât violemment la clientèle de la navigation.

Est-ce que de semblables moyens ne blessent pas pour le présent la liberté du commerce, dans ce qu'elle a de plus sensible, et ne lui préparent pas pour l'avenir de dures représailles, lorsque les chemins de fer seront parvenus à détruire la concurrence, qui est encore aujourd'hui la sauvegarde de ses intérêts ?

Ces combinaisons égoïstes, ces conceptions étroites, ne sont-elles pas contraires à l'ordre, à l'intérêt public ?

Contraires à l'intérêt public... parce que ce tarif général, conçu dans des conditions déraisonnables, en vue de forcer au tarif d'abonnement et d'exercer une pression vis à vis des gros expéditeurs, parce que ce tarif, disons-nous, devient sérieux, est pratiqué et fait recette vis à vis de la généralité du peuple et du petit commerce, que l'on se garde bien de provoquer au tarif d'abonnement ;

Contraires à l'ordre public, parce que l'on ne pourrait remplacer ce que l'on veut désorganiser ou détruire, — nous le prouverons, — parce que la navigation est, comme les chemins de fer eux-mêmes, une des richesses les plus précieuses du pays, et que son concours est indispensable à l'immense développement de notre commerce et de notre industrie, qui s'accomplit d'une manière si rapide, sous l'impulsion d'un pouvoir protecteur.

IV.

Nous allons continuer l'examen des tarifs spéciaux
du chemin de fer de l'Ouest, qui offre, sous ce rapport, une des collections les plus complètes et les
plus variées. On a dû saisir le rapport des tarifs
d'abonnement avec le tarif général, et il ressort des
appréciations que nous en avons faites, que le tarif
général de l'Ouest n'est en réalité qu'un tarif auxiliaire, établi pour faciliter les tarifs d'abonnement.
Pour les gros expéditeurs, le tarif général se trouve
converti en une sorte de pénalité fiscale, de double
droit, qu'encouragent ceux qui ne veulent pas souscrire aux conditions exclusives des tarifs d'abonnement ; mais, pour le petit commerce, pour les petites industries, il en est autrement ; ce tarif pèse de
tout son poids sur cette partie intéressante de la
clientèle, et offre aux compagnies une compensation
arbitraire aux sacrifices qu'elles s'imposent vis à vis
des expéditeurs abonnés. Mais, dira-t-on, tout le
monde pourrait s'abonner, puisque aucune condition de tonnage n'est imposée. Cela est vrai ; pour-

tant, il résulte de la pratique de ces trois années d'expérience, que le petit commerce, les petites industries et toutes les localités qui sont d'un ordre secondaire, n'ont presque pas fait *usage* des tarifs d'abonnement; il demeure donc évident que les compagnies n'en provoquent l'*usage* par des sollicitations qu'auprès des expéditeurs qu'elles estiment assez importants pour qu'il soit utile de les accaparer.

Les tarifs d'abonnement n°ˢ 1, 3, 4, 5 avaient pour but, disions-nous, de détacher par des engagements exclusifs la clientèle de la navigation de la Seine. Il faut remarquer cependant que, d'après ces tarifs mêmes, les lignes de Rennes et de Cherbourg jouissent des mêmes avantages que celles de Rouen et du Havre. On pourrait donc en induire que la compagnie de l'Ouest n'a pas eu les intentions que nous lui prêtons, puisqu'elle appelle à la même faveur des lignes et des localités qui ne peuvent pas être desservies par la Seine. Ici, l'habileté qui a présidé à l'ensemble de ces tarifs, se montre encore d'une manière assez curieuse, car cette libéralité apparente n'existe pas. On remarque que dans la nomenclature des marchandises désignées aux tarifs d'abonnement n°ˢ 1, 3, 4, 5, ne figurent guère que des produits exotiques, des denrées coloniales et des produits propres à l'industrie. Or, comme les contrées de la Bretagne et de la Normandie, que desservent les lignes de Rennes et de Cherbourg, sont plus agricoles qu'industrielles, comme ces contrées ne se trouvent reliées à aucune place importante de transit, les marchandises exotiques, les denrées coloniales, les matières propres à l'industrie n'y circulent que par quantités peu importantes, et le trafic que procurent ces marchandises au chemin de fer est restreint à la consommation locale de ces contrées. Ce n'est rien moins que l'intérêt de ces localités qui a guidé la compagnie ; et la meilleure preuve en est dans le tarif d'abonnement n° 6, où on a groupé dans des conditions inégales de transport les matières ou plutôt les denrées qui font l'objet du commerce de la Bretagne et de la Normandie. Ce tarif n° 6 est spécial aux céréales et aux produits agricoles, et comprend les grains, les farines, chènevis, millet, marrons, etc., etc.

Certes, si les tarifs d'abonnement n'avaient pas été imaginés dans le but unique et exclusif de l'intérêt de la compagnie, c'est surtout pour des denrées de cette nature qu'ils auraient dû étendre leurs bienfaits sur tous les pays agricoles et favoriser les transports de la Beauce, réputée le grenier de Paris, de la Bretagne et de la Normandie, qui fournissent également les denrées nécessaires à l'alimentation de la capitale. On devait donc s'attendre à voir dans ce tarif les localités de la ligne de Bretagne occuper la première place... Loin de là... dans les tarifs d'abonnement n°s 1, 3, 4, 5, Chartres, la Loupe, la Ferté, Nogent-le-Rotrou sont bien appelés au même titre que Rouen et le Havre à jouir des avantages qui existent sur le transport du cachou, de la glace à rafraîchir, du quercitron, de l'huile de coco, du safranum, des billes d'acajou, etc., etc. ; mais dans le tarif d'abonnement n° 6, ces localités disparaissent et sont privées du bénéfice du tarif d'abonnement lorsqu'il s'agit du transport des blés, des farines, des graines de trèfle, des noix, des marrons et du sarrasin.

Faut-il donner l'explication de ce singulier contraste?... Ce n'est pas difficile : comme les grains, graines et farines circulent en bien plus grande quantité sur les lignes de Bretagne que sur celles de Rouen et du Havre, et que par conséquent une baisse égale et kilométrique n'aurait pu s'accomplir impunément, c'est à dire sans affecter d'une manière sensible la recette de la ligne de Bretagne, que l'on n'avait aucun intérêt à sacrifier, on a divisé dans le tarif d'abonnement n° 6 le mouvement de ces marchandises : on a mis d'une part les localités non susceptibles d'être desservies par la Seine, d'autre part celles qui pouvaient l'être. Quant aux marchandises, on a transporté les unes à 8, 9 et 10 c. par kilomètre et par tonne, les autres à 5 c. par kilomètre et par tonne. Ce but est parfaitement atteint par le tarif d'abonnement n° 6 ; ainsi, du Havre à Batignolles, il en coûte 13 fr. de la tonne pour 228 kilomètres, soit 5 c. par kilomètre et par tonne, tandis que du Mans à Batignolles, il en coûte 18 fr. de la tonne pour 217 kilomètres, soit 8 c. et demi par kilomètre et par tonne.

Cet esprit de concurrence, qui dirige toutes les combinaisons du chemin de l'Ouest, se révèle surtout ici de la manière la plus flagrante, car, nous le répétons, si un tarif plus qu'aucun autre devait être exempt de ces inégalités choquantes, c'est surtout ce tarif n° 6 spécial aux céréales et produits agricoles. Il est vraiment déplorable de voir les calculs des compagnies dominer ici, comme toujours, des considérations d'un autre ordre qui seraient plus dignes de grandes entreprises comme celles des chemins de fer.

On a pu déjà s'en convaincre, les tarifs spéciaux à prix réduits, qu'ils se présentent sous forme de tarif commun, spécial ou d'abonnement, ne sont en réalité que des instruments de guerre imaginés dans le seul but de conquérir le monopole du transport. Ces instruments, on les multiplie, on les perfectionne suivant la force et la position de l'ennemi. Au point où en est l'action, et avant de poursuivre l'examen des tarifs exceptionnels, nous allons entrer dans quelques détails au sujet de la navigation de la Seine et décrire les divers éléments dont elle se compose.

La navigation de la Seine, quant à son exploitation, peut se diviser en deux parties distinctes : la navigation de Rouen au Havre et la navigation de Rouen à Paris. Le matériel actif occupé aujourd'hui du Havre à Paris se compose d'environ soixante bateaux à vapeur, d'une force totale de 2,500 chevaux, et, en outre, de cent bateaux environ, chalands et normands, d'une capacité de plus de 30,000 tonnes. Une certaine quantité de vapeurs ne font que la navigation du Havre à Rouen, et, tout en se livrant au remorquage des navires qui remontent, transportent aussi les marchandises du Havre à Rouen, et *vice versâ*. Le surplus de cet immense matériel circule directement du Havre à Paris ou de Rouen à Paris.

Les compagnies qui sont en possession du trafic de la Seine peuvent se classer de trois manières différentes; il est utile de les détailler ici, parce que le plus souvent chaque tarif spécial a pour but d'agir contre tel ou tel genre de navigation. Ainsi, les gros bateaux normands chargent principalement, à la remonte, des granits, des bois, du charbon, du soufre et généralement toutes les marchandises en vrac; à la descente, ils prennent du plâtre à Argenteuil ou à Triel. Nous les rangerons dans la grosse batellerie. Les Express, qui ont des départs plus fréquents, plus réguliers, qui transportent des marchandises plus pressées, font en même temps le remorquage du Havre et de Rouen à Paris; nous les placerons aussi dans la navigation mixte. Enfin, les Porteurs et les Paquebots de la Seine, qui font des départs journaliers, effectuent des voyages rapides et se livrent spécialement à un commerce de messageries et de marchandises de première série, représentent la navigation à grande vitesse.

Les tarifs d'abonnement nᵒˢ 1, 3, 4, 5 et 6 avaient à peu près le même but et faisaient la base du plan général d'attaque; mais la différence qui existait dans l'exploitation de la grosse batellerie de la navigation mixte et de la navigation à grande vitesse demandaient des moyens également différents destinés à agir plus directement contre tel ou tel genre de navigation. Ce sont les tarifs conçus dans cette intention que nous allons maintenant examiner.

A ce propos, il faut citer encore le plâtre qui joue un grand rôle dans les transports maritimes et fluviaux. Nous en avons déjà parlé, lorsqu'il s'est agi de la navigation côtière, et nous y revenons ici à propos de la grosse batellerie, qui trouvait dans cette matière son unique aliment à la descente. Prenons le tarif d'abonnement n° 4, nous y verrons le plâtre taxé de la manière suivante :

De Triel à......
- Rouen..... . 2 fr. 25 de la tonne, 102 kilom. ou 2 c. 1/4
- Barentin.... 5 » — 123 — 4 »
- Yvetot...... 5 » — 144 — 3 1/2
- Havre...... 5 » — 195 — 2 3/4

De Vaugirard à
- Rambouillet 2 fr. 50 de la tonne, 47 kilom. ou 5 c. »
- Maintenon.. 4 » — 67 — 6 »
- Laval....... 12 » — 300 — 4 »

(Par kilom. et par tonne.)

Ce qui frappe au premier aperçu dans ce tableau, c'est la différence de transport qui existe pour une même marchandise entre les contrées desservies concurremment par la Seine et celles qui sont, par le fait, livrées sans partage à l'exploitation du chemin de fer de l'Ouest. La même matière, précieuse au même titre à l'agriculture de la Beauce, de la Bretagne, de la Normandie et du pays de Caux, y est traitée par la même compagnie dans des conditions inégales, bien que ces contrées soient, par la nature de leur sol, classées au même degré de richesse. Est-il nécessaire d'expliquer encore que ce tarif est ainsi combiné pour arracher à la grosse batellerie son seul fret de retour, la désorganiser et s'emparer de son fret de remonte ? Ceci est trop clair et est prouvé surabondamment. Faut-il ajouter que ce tarif est habilement divisé en zones si ingénieusement tracées, que l'on peut suivre les sinuosités que décrit la Seine par l'augmentation qui frappe progressivement les localités qui s'en trouvent plus ou moins écartées ? Cela nous paraît encore superflu. Aussi voulons-nous envisager ce tarif des plâtres à un autre point de vue, et démontrer qu'en faisant ce transport à 2 c. 1/4 de Triel à Rouen, le chemin de fer de l'Ouest se laisse entraîner à une concurrence illicite, qu'il vend son transport meilleur marché qu'il ne lui coûte.

Le plâtre employé par l'agriculture ou par l'industrie est une ressource importante pour le trafic des chemins de fer; il doit être d'autant plus recherché que, provenant exclusivement des environs de Paris, il procure à tous les chemins de fer un aliment de descente, c'est à dire du transport dans le sens où le retour des wagons vides s'effectue par quantités considérables et où nécessairement le trafic est moins productif. A l'égard de cette matière, l'intérêt des chemins de fer est bien conforme à l'intérêt général, qui serait de la transporter au meilleur marché possible, afin d'en provoquer et propager l'emploi, surtout comme engrais, dans les régions agricoles. Il est donc évident que, même sur les lignes où les chemins de fer n'ont aucune concurrence de voie d'eau à redouter, l'intérêt de leur trafic est d'abaisser le prix de transport du plâtre au minimum des prix possibles. Or, les chemins de Lyon, de l'Est, de Bordeaux (excepté pour Bordeaux même), de l'Ouest (sur la ligne de Bretagne), transportent le plâtre à 6, 5, 4 centimes, et lorsque certains vont jusqu'à 3 centimes, c'est pour des distances de plus de 500 kilomètres. Ce prix peut être donné comme limite de l'extrême bon marché. On peut donc induire de là que le chemin de l'Ouest, en transportant le plâtre à 2 centimes 1/4 par kilomètre et par tonne, de Triel à Rouen, pour une distance de 102 kilomètres, parcours qui, sur les autres chemins de fer, coûterait 4 ou 5 centimes, fait du transport en perte. En se livrant à un calcul très-simple , on peut en acquérir facilement la preuve. Le prix de revient pour le transport par chemin de fer d'une tonne de marchandise doit se composer : d'une part , d'une portion des frais généraux fixes qui sont ceux d'exploitation , d'intérêts , etc., etc. ; et, d'autre part, des frais proportionnels que nécessite particulièrement chaque tonne de marchandise. *Ce sont les plus facilement appréciables.* Laissant de côté les frais généraux fixes pour ne compter que les frais occasionnés par le transport seul des plâtres , c'est à dire ceux qui n'existeraient pas si ce transport n'avait pas lieu , nous trouvons , en prenant pour exemple un wagon transportant en moyenne 8,000 kil. de plâtre de Triel à Rouen , le résultat suivant :

Emploi pendant quatre jours au moins d'un wagon d'une valeur de 6,000 fr. , intérêt , dépréciation , entretien du wagon et de ses agrès , à raison de 3 fr. par jour. . . . . 12 fr.   » c.

Frais de traction , à raison de 1 centime 1/2 par kilomètre et par tonne. .   12   25

Total des seuls frais proportionnels.   24 fr.   35 c.

Recette.

8 Tonnes de plâtre à 2 fr. 25 de la tonne de Triel à Rouen.   18   »

Perte par chaque wagon, ...   6 fr.   25 c. et 78 c. par tonne.

Des opérations semblables peuvent augmenter les recettes hebdomadaires des chemins de fer, mais assurément elles n'augmenteront pas les dividendes.

Si le chemin de l'Ouest est un concurrent redoutable pour les entreprises de navigation, il est aussi, pour les autres chemins de fer, un confrère compromettant. Il y a bientôt deux ans, les tarifs différentiels étaient à l'ordre du jour, et chacun en discutait théoriquement les conséquences ; une des raisons principales que les chemins de fer cherchèrent alors à faire prévaloir était que le prix du transport devait être d'autant moins élevé qu'il y avait plus de chemin à parcourir. Tous les chemins de fer ont observé cette règle qu'ils voulaient faire admettre en principe. Comment donc s'expliquer que la compagnie de l'Ouest l'ait méconnue au point de transporter pendant 102 kilomètres à meilleur marché que pendant 144 kilomètres, et pendant 228 kilomètres à meilleur marché que pendant 300 kilomètres ? Que deviennent donc toutes ces raisons qu'avaient collectivement jugé prudentes les chemins de fer pour défendre les tarifs différentiels ?

V.

Parmi les tarifs d'abonnement de la compagnie de l'Ouest, il en est un dont nous n'avons pas encore entretenu nos lecteurs. Ce tarif présente une variété originale de l'espèce, il est unique dans son genre, il mérite donc de fixer l'attention d'une manière toute particulière : c'est le tarif d'abonnement n° 2; il est spécial à la rouennerie allant de Rouen (Saint-Sever) à Batignolles. Ici, contrairement à ce qui se pratique pour les autres tarifs, ce n'est plus un avantage de prix que l'on offre à ceux qui veulent souscrire aux tarifs d'abonnement, mais bien un avantage de vitesse. Les commerçants qui, seuls, par leur genre d'affaires, sont appelés à en profiter, sont désignés vulgairement dans la fabrique de Rouen sous la dénomination de *Parisiens;* ils sont au nombre de quinze environ et habitent tous la rue Saint-Martin. Or, moyennant l'engagement de remettre exclusivement leurs marchandises au chemin de fer, la compagnie s'engage à leur donner la grande vitesse au prix de la petite, c'est à dire que l'on accorde à ces quinze commerçants , sur plusieurs milliers qui fréquentent notre marché , à 21 75 de la tonne un transport qui coûterait à tous 56 fr. de la tonne. En un mot , la marchandise de la rue Saint-Martin jouit d'une prérogative toute exceptionnelle ; elle est expédiée du soir au lendemain matin , livrée et offerte à la vente , tandis que la rouennerie destinée à Orléans , Châlons , Lyon , Reims , le Mans , Caen , etc., reste quarante-huit heures à la gare sans trouver son tour de chargement et place dans les wagons. Nous pouvons même affirmer que le programme du tarif n° 2 est tellement bien rempli par cette petite vitesse perfectionnée , que la marchandise destinée aux quinze privilégiés arrive plus vite et est plus tôt livrée que ne le seraient un turbot , une boîte de bijoux ou un sac de valeur adressés à Paris par la véritable grande vitesse.

On devine encore ici qu'un motif de concurrence a déterminé cette faveur si extraordinaire accordée à un petit groupe de commerçants , et qu'en sollicitant le tarif d'abonnement n° 2 , la compagnie de l'Ouest ne fait que suivre sa tactique habituelle , qui consiste à enlever un fret rémunérateur à une entreprise concurrente. Avant que les tarifs d'abonnement ne fussent en usage , le transport qui résultait du commerce de notre place avec la rue Saint-Martin se partageait entre le chemin de fer et la navigation à grande vitesse ; celle-ci livrait régulièrement de Rouen à Paris , rue Saint-Martin , en trente-six heures , du soir au surlendemain matin , et le chemin de fer, stimulé par cette concurrence , avait renoncé pour ces

sortes d'expéditions à user des quarante-huit heures
de planche qui lui sont accordées par les règlements
pour effectuer le chargement. Aussi le chemin de fer
de l'Ouest faisait-il déjà, antérieurement à l'application des tarifs d'abonnement, ce qu'il fait aujour-
d'hui : il livrait exceptionnellement la rouennerie
pour la rue Saint-Martin, du soir au lendemain
matin, mais alors il y était provoqué par le seul
fait du progrès réalisé par la navigation, par
le jeu libre et naturel de la concurrence, et sans
qu'aucune pression ne fût exercée sur les expéditeurs, qui choisissaient à leur gré la voie de la
navigation ou celle des chemins de fer. Mais cette situation, si satisfaisante au point de vue des véritables intérêts du commerce, ne convenait pas à la
compagnie de l'Ouest, qui conçut le projet d'accaparer
tous ces transports et en même temps de priver une
entreprise rivale de son fret rémunérateur. On obtint
donc le tarif d'abonnement n° 2, et, dès lors, chaque
expéditeur de la rue Saint-Martin cessa d'être libre.
Il fallut souscrire aux conditions exclusives du tarif
d'abonnement n° 2, rompre instantanément les relations de chaque commerçant avec la navigation à
grande vitesse, ou sinon on userait, vis à vis des
récalcitrants, des quarante-huit heures de planche,
vingt-quatre heures de parcours, vingt-quatre heures
de livraison, en tout, condamnation à cinq jours de
route, de Rouen à Paris, au lieu de dix heures.
Quelques-uns résistèrent d'abord et se sentirent
blessés de cette contrainte ; mais pour les expéditions
pressées, ils étaient obligés de payer 56 fr. ce que

leurs confrères faisaient transporter pour 21 fr. 75 c.;
ils redoutèrent l'hiver, une interruption de navigation
qui les eût mis sous le coup des représailles et des
cinq jours réglementaires de Rouen à Paris. La rue
Saint-Martin fut donc obligée, par le mécanisme que
nous venons d'expliquer, d'abandonner complète-
ment la navigation, et elle se trouve aujourd'hui entièrement engagée avec le chemin de fer de l'Ouest.

La navigation à grande vitesse a donc dû céder...
et perdre, devant des combinaisons pareilles, une
clientèle qu'elle avait justement conquise en réali-
sant un progrès immense dans les transports par
eau. C'est ainsi que cette industrie se trouve en butte
à ces sortes de manœuvres imaginées pour arrêter
son essor et précipiter vers la ruine des entreprises
qui étaient aussi appelées à rendre leur part de services au commerce et à l'industrie.

Le tarif d'abonnement n° 2 a surtout ce caractère
d'une concurrence vulgaire; il est mesquin et agres-
seur; il ne s'adresse pas, comme les tarifs 1, 3, 4, 5
et 6, à des catégories de marchandises à gros transports qui se répandent dans un immense réseau; il
ne s'adresse plus là à 8 ou 900,000 tonnes de marchandises qui échappent au trafic et qu'une compagnie
convoite pour grossir ses recettes quand même. Non,
ce tarif n° 2 profite seulement, comme nous l'avons
dit, à une douzaine de commerçants sur plusieurs
milliers qui font le même commerce, et pour un
millier de tonnes par an ou une recette d'une ving-
taine de mille francs, on déploie les grands moyens
de guerre, le tarif d'abonnement.

Avant d'entrer dans l'examen des tarifs communs, dont nous n'avons parlé qu'à propos de la navigation maritime, nous allons entretenir nos lecteurs de quelques tarifs spéciaux qui sont d'une date très-récente et qui n'ont pas encore trouvé place dans le livret des tarifs spéciaux.

La navigation du Havre à Rouen s'exploite, on le sait, dans des conditions bien plus faciles qu'entre Rouen et Paris. D'un côté, du Havre à Rouen, il n'y a que peu de droits de navigation, pas de frais de canaux, une profondeur d'eau toujours plus que suffisante, un flot qui, en peu d'heures, remonte les bateaux jusqu'à Rouen, et enfin les ressources exceptionnelles qu'offre le remorquage des navires jusqu'à Rouen ; de l'autre côté, de Rouen à Paris, les droits considérables de navigation, les droits de canaux, les passages des ponts et écluses, les basses eaux longtemps persistantes, la longueur et la difficulté du parcours, les événements fortuits aux écluses, aux canaux ou aux barrages, rendent cette partie de la Seine onéreuse aux compagnies qui l'exploitent. Le chemin de fer de l'Ouest a parfaitement saisi cette différence, et sait que la navigation de Rouen à Paris a souffert et a subi de dures épreuves, il croit avoir fait suffisamment contre elle..... il attend. — Quant à la navigation du Havre à Rouen, qui comporte des conditions exceptionnelles de vie et d'existence, il fallait, pour la combattre, perfectionner les procédés ordinaires de concurrence, et c'est dans ce but que la compagnie de l'Ouest a sollicité et obtenu, le 11 octobre dernier, l'homologation, à titre provisoire, d'un tarif spécial pour les cotons du *Havre à Rouen,* et, de plus, un autre tarif spécial pour les sucres bruts et raffinés.

L'action de ces tarifs devait porter spécialement sur les cotons et les sucres raffinés allant du Havre à Rouen, afin d'en déposséder la navigation, qui avait conservé la majeure partie de ce trafic. Les destinations de Dieppe, Fécamp, Monville, qui sont désignées au tarif spécial des cotons en balles, n'y figurent que pour la forme et pour cacher le but réel que l'on se propose. Ce qui frappe au premier examen, ce sont l'exiguité du cercle tracé par ce tarif et les inégalités extraordinaires qui doivent résulter de son application. Nous choisissons comme exemple deux localités les plus rapprochées par le chemin de fer, Rouen et Oissel. Ces deux localités, que sépare seulement une distance de 10 kilomètres environ, comprennent toutes deux des établissements consacrés à la même industrie, la filature de coton, et cependant voici les inégalités choquantes qui résultent pour elles de l'application du tarif dont nous nous occupons en ce moment :

Du Havre { à Rouen, 7 fr. la tonne ou 6 c. par kilom.
à Oissel, 11 90   dito   ou 10 c. dito.

Ainsi, la portée de cette démarcation est frappante. C'est à Rouen que l'entreprise rivale s'arrête, c'est à Rouen que s'arrêtent aussi les faveurs du tarif spécial. C'est bien là la guerre pied à pied, corps à corps... Est-ce significatif?... Devant une pareille énormité, que devient donc cette égalité dans l'application des taxes, proclamée par la loi et le cahier des charges ; où est donc la sûreté pour le commerce, pour l'industrie, si le jeu capricieux d'un tarif spécial permet que de deux établissements situés sur la même ligne, à 10 kilomètres de distance, l'un paie le transport de son coton à 6 centimes et l'autre à 10 centimes par kilomètre et par tonne?

Le tarif spécial pour le transport des sucres bruts et raffinés est aussi de création récente, et à quelques jours près, il a la même date que celui des cotons en balles. Ce tarif démontre bien aussi le parti pris par le chemin de fer de l'Ouest de raviver la concurrence contre la navigation, tout en localisant la nouvelle sortie qu'il préméditait, et en frappant plus particulièrement la navigation du Havre à Rouen. En effet, ce tarif spécial pour les sucres bruts et raffinés n'est autre chose qu'un perfectionnement du tarif d'abonnement n° 5, avec cette particularité qu'il baisse les prix du Havre à Rouen d'une manière considérable, tandis que du Havre à Batignolles, la baisse est insensible ; en prenant pour exemple les sucres raffinés ou sucres en pain, du Havre à Batignolles, il en coûte, par le tarif d'abonnement n° 5. . . . . 19 70

Par le nouveau tarif spécial. . . . . 18 »

Diminution du Havre à Batignolles. . . . 1 70

par tonne, ou 1/2 centime par kilomètre sur le parcours.

Du Havre à Rouen, il en coûte, par le tarif d'abonnement n° 5. . . . . 8 60

Par le nouveau tarif spécial. 6 50

Diminution du Havre à Rouen. 2 10
par tonne, ou 2 centimes 1/2 par kilomètre sur le parcours.

En ce qui touche les cotons en balles, le tarif spécial du Havre à Rouen offre quelque chose de bien plus bizarre :

Une tonne de coton expédiée directement du Havre à Batignolles coûte. . . . . 24 fr. 60

Si l'on fait faire escale à cette même tonne de coton à Rouen, on obtient le résultat suivant :

Tarif spécial du Havre à Rouen.   7 fr.
Tarif général de Rouen à Bati-   22   »
gnolles. 15

Economie réalisée par cette même tonne de coton. . . . . 2 fr. 30

Toutes les compagnies de chemins de fer ont expliqué l'usage des tarifs différentiels par l'économie dans la traction, dans les frais généraux d'exploitation, dans l'emploi du matériel dont l'importance varie suivant la longueur du parcours. Si ce thème était réfutable d'après le texte et la loi du cahier des charges, il était au moins vrai en fait et en pratique. Mais quelle raison peut donner un chemin de fer comme celui de l'Ouest, qui pratique un système tout à fait opposé ; qui diminue son fret suivant que les distances à parcourir sont plus courtes; qui transporte une même marchandise sur une même ligne à 7 c. 1/2 et 10 c., quand il s'agit d'un parcours de 228 kilomètres, et qui réduit ce même transport à 5 c. 1/2 ou 6 c., quand il ne s'agit plus que d'un parcours de 89 kilomètres?

La raison à donner à une tarification aussi étrange, c'est que le chemin de l'Ouest s'abandonne à une concurrence déréglée qui sera fatale à la navigation, il est vrai, mais fatale aussi à la compagnie qui s'y laisse entraîner.

Voici un tableau comparatif d'une tonne de coton ou de sucre brut transportée sur une distance de 89 kilomètres (représentant le parcours du Havre à Rouen) sur les diverses grandes lignes du réseau français :

	COTONS EN BALLES.		SUCRES BRUTS.	
	PAR Tonne	PAR Kilom.	PAR Tonne	PAR Kilom.
	F. C.	C.	F. C.	C.
Ouest.	7 »	6 »	5 50	4 1/2
Nord (abonnement, wagon complet). .	10 40	10 »	10 40	10 »
Est.	10 30	10 »	10 30	10 »
Lyon (tarifs spéciaux).	8 60	8 »	6 80	6 »
Orléans.	9 »	8 1/4	9 »	8 1/4

Ainsi, le chemin de l'Ouest, qui a un trafic scindé, désavantageux à l'exploitation, transporte ces marchandises, qui devraient être pour lui l'assiette de ses bénéfices les plus clairs, à 33 et 50 0/0 meilleur marché que le Nord et l'Est, et à 20 et 30 0/0 meilleur marché que les chemins de Lyon et d'Orléans, les plus favorisés par les longs parcours et, par conséquent, les plus favorables à l'exploitation.

VII.

On a pu apprécier, par ce qui précède, l'importance de la lutte engagée entre le chemin de fer de l'Ouest et la navigation. Nous avons fait connaître par quels moyens et au prix de quels sacrifices la compagnie entretenait cette lutte désastreuse. Pour les faire ressortir, nous n'avons eu qu'à puiser dans les tarifs mêmes de la compagnie, sans avoir besoin de toucher autrement que d'une manière générale aux tarifs communs.

L'objet du tarif commun, on le sait déjà, consiste à souder deux lignes ensemble, de manière à établir des prix directs partant des points d'une de ces lignes pour toutes les destinations de l'autre. C'est un moyen pour tous les chemins de fer de se prêter main-forte contre l'ennemi commun.

La compagnie du chemin de fer de l'Ouest, plus que tout autre, avait besoin de contracter de ces sortes d'alliances avec les autres compagnies. Leur concours puissant lui était nécessaire pour la soutenir dans l'œuvre entreprise contre la navigation de la Seine.

Les prix de ces tarifs communs, qui n'ont aucun rapport ni avec les tarifs généraux des compagnies ni avec les règles kilométriques, sont combinés de telle sorte qu'il est impossible que les marchandises puissent, pour telle partie que ce soit de la distance qu'elles ont à parcourir, emprunter une voie rivale de l'une ou l'autre ligne ; en un mot, c'est un traité offensif et défensif que contractent deux compagnies dans leur intérêt exclusif.

Le tarif commun que le chemin de fer de l'Ouest est parvenu à réaliser le plus complétement est celui qui lie son réseau avec celui d'Orléans ; nous allons en expliquer la composition et les résultats.

Ce tarif établit les concessions réciproques que se font entre elles les deux compagnies sur les prix de leurs tarifs généraux. On va voir par le tableau qui suit combien ces concessions sont étendues ; et ce qu'il est bon surtout de faire remarquer, c'est qu'elles se pratiquent à l'exclusion de toute autre entreprise de transports. Ainsi, des marchandises de toute nature, telles que coton, sucre, café, tissus, expédiés du Havre ou de Rouen, par navigation, en destination du réseau d'Orléans, paieraient à la gare d'Ivry 30 et 40 0/0 de plus que si elles y étaient apportées par le chemin de l'Ouest. Il est bien évident qu'au moyen de ce tarif le chemin de fer de l'Ouest est parvenu à fermer littéralement la porte du chemin de fer d'Orléans à toutes les marchandises provenant de Normandie et arrivant à Paris par toute autre voie que la sienne.

C'est encore dans les tarifs que nous prendrons

les chiffres au moyen desquels nos lecteurs apprécieront facilement les faits que nous venons d'indiquer.

Choisissons pour exemple, parmi toutes les destinations qu'embrasse le tarif commun, le Havre et Rouen d'une part, Nantes et Bordeaux de l'autre; nous comparons dans le tableau suivant les prix du tarif général et ceux du tarif commun, et nous décomposons le prix total de l'un et l'autre tarif pour indiquer la part qui revient à chaque compagnie pour son parcours :

DU HAVRE A NANTES.	1re SÉRIE.		2me SÉRIE.	
	Tarif général.	Tarif commun.	Tarif général.	Tarif commun.
Part Ouest... { du Havre à Batignolles .	35 70	18 40	25 30	14 80
Ceinture	2 88	2 88	2 88	2 88
Part Orléans { d'Ivry à Nantes..	49 50	33 72	47 70	26 32
Total par tonne. . .	88 08	55 »	75 88	44 »

DE ROUEN A BORDEAUX.	1re SÉRIE.		2me SÉRIE.	
	Tarif général.	Tarif commun.	Tarif général.	Tarif commun.
Part Ouest... { de Rouen à Batignolles .	21 75	15 10	15 »	13 »
Ceinture	2 88	2 88	2 88	2 88
Part Orléans { d'Ivry à Bordeaux..	74 »	62 02	69 »	53 12
Total par tonne. . .	98 63	80 »	86 88	69 »

Ainsi, par le tarif général, sur 88 fr. 08 c., prix total du Havre à Nantes, la part afférente au chemin d'Orléans, au départ d'Ivry, est de. . . 49 fr. 50

A reporter. . . . 49 fr. 50

Report. . . .   49 fr. 50

Par le tarif commun, elle n'est plus que de. 33   72

Différence. . . . . 15 fr. 78

De Rouen à Bordeaux, au tarif général, 98 fr. 63 c.

Il revient à la compagnie d'Orléans. 74 fr. »

Par le tarif commun, elle ne perçoit plus que. 62   02

Différence. . . . . 11 fr. 98

Or, ce tarif commun, par l'application exclusive qu'en fait la compagnie d'Orléans aux marchandises lui parvenant par l'entremise du chemin de l'Ouest, constitue ce fait que la compagnie d'Orléans accorde d'une manière on ne peut plus directe, sous cette dénomination de tarif commun, des faveurs qu'elle refuse aux autres entreprises de transport.

Il est vraiment curieux de voir que le même transport, c'est à dire une tonne de même marchandise provenant de la même ville pour la même destination, remise à la même gare, paie au chemin de fer d'Orléans 49 fr. 50 si elle parvient par la voie de la navigation, et seulement 33 fr. 72 si elle a fait route par la ligne du chemin de fer.

Il en résulte que cette inégalité confère à la compagnie de l'Ouest un monopole absolu et arbitraire sur tous les transports de Normandie en destination du réseau d'Orléans.

Ce qui ressort du tableau ci-dessus, relativement à la deuxième série, est encore plus frappant, car l'écartement des prix du tarif général et du tarif commun est encore plus considérable. Ainsi, supposons deux tonnes de marchandises de deuxième série expédiées du Havre à Nantes, l'une par chemin de fer, l'autre par la navigation : la première laissera au chemin de fer 14 fr. 80 de traction pour son parcours jusqu'à Batignolles, tandis que la seconde donnera à l'entreprise de navigation 3 fr. 70 de perte, car la compagnie d'Orléans ne demandera à la compagnie de l'Ouest que 26 fr. 32, tandis qu'elle exigera de l'autre entreprise 47 fr. 70, *soit 3 fr. 70 en excédant sur le prix du tarif commun du chemin de fer au départ du Havre.*

De semblables licences ne dépassent-elles pas tout ce qu'on peut imaginer de plus contraire à la justice et à la raison ?

On peut dire sans exagération que par l'abus de ce puissant auxiliaire, le tarif commun, les compagnies de l'Ouest et d'Orléans ont placé la gare d'Ivry en quelque sorte en état de blocus, et en ont rendu l'accès impossible à la navigation, qu'elles ont voulu proscrire.

Il n'a donc pas suffi à la compagnie de l'Ouest d'établir des tarifs spéciaux et d'abonnement qui avilissent son trafic outre mesure, pour réduire la navigation, il lui a fallu encore trouver des alliés dont la coopération pouvait lui permettre d'étendre sa puissance au delà même de son réseau.

En autorisant, même à titre provisoire, les tarifs communs, il n'a pu entrer dans la pensée de l'autotorité que les compagnies pourraient en faire une telle application, un tel usage. Ces prix communs devaient profiter au transport des marchandises dans des con-

ditions d'intérêt général et non dans l'intérêt pure-
ment mercantile de deux compagnies au détriment
d'autres entreprises ayant aussi leur degré d'utilité
publique, et qui sont aussi de la part du gouvernement l'objet d'une sollicitude constante.

En voyant le tarif conclu entre les deux compagnies, on leur suppose naturellement des intérêts
égaux. Il existe cependant dans la situation de chacune d'elles une différence qui mérite d'être signalée.
En effet, tandis que la compagnie de l'Ouest subit
encore, malgré tous ses efforts, la concurrence de la
navigation de la Seine, la compagnie d'Orléans, par
suite de la disparition presque complète du cabotage,
aux points extrêmes de ses lignes vers l'Océan, jouit
paisiblement et presque sans partage du trafic de son
riche réseau. Pourquoi, dès lors, intervient-elle
d'une manière aussi générale, au moyen de son tarif
commun, dans une concurrence qui était particulière
au chemin de l'Ouest? Pourquoi vient-elle diminuer
bénévolement ses prix au départ de la gare d'Ivry,
puisqu'en réalité les provenances de la Normandie
lui étaient naturellement acquises et ne pouvaient
échapper à son trafic, même au tarif général, quelle
que soit la voie qu'elles empruntent pour arriver à
Paris?

Mais quand on examine plus à fond la question,
cette intervention s'explique par la situation nouvelle
que fit au chemin d'Orléans l'ouverture de la ligne
de Mézidon au Mans, coïncidant avec la date du tarif
commun (1er janvier 1859). Dès lors, les marchandises de Normandie en destination ou en provenance
de Tours, Angers, Nantes, Poitiers, Angoulême,

Rochefort, Niort, la Rochelle et Bordeaux devaient naturellement emprunter pour leur parcours la nouvelle voie de Mézidon au Mans. Le chemin de l'Ouest trouvait là une ressource nouvelle, des avantages considérables et un trafic à étendre. Au moyen de cette nouvelle ligne, il allait profiter de 225 kilomètres de parcours au tarif d'application, au lieu de 135 kilomètres sur lesquels il avait perçu jusqu'alors et seulement à prix réduit en dirigeant les marchandises vers le chemin d'Orléans par Batignolles. Ce trafic appartenait d'autant plus à la ligne de Mézidon, qu'elle réalise par les distances d'application une économie de parcours telle que celle-ci :

DE ROUEN A NANTES

Par Paris :
- De Rouen à Batignolles. . 135 kil.
- De Batignolles à Ivry. . . 16
- D'Ivry à Nantes. 426

Total. . . . 577 kil.

Par Mézidon :
- De Rouen au Mans. . . 225 }
- Du Mans à Nantes. . . 285 } 510

Différence par Mézidon. . . . 67 kil.

DE ROUEN A BORDEAUX

Par Paris :
- De Rouen à Batignolles. . 135 kil.
- De Batignolles à Ivry. . . 16
- D'Ivry à Bordeaux. 577

Total. . . . 728 kil.

Par Mézidon :
- De Rouen au Mans. . . 225 }
- Du Mans à Bordeaux. . 440 } 665

Différence par Mézidon. . . . 63 kil.

Le chemin de fer de l'Ouest avait tout intérêt à faire fructifier cette nouvelle ligne, dont l'exploitation devait lui amener une augmentation considérable dans son trafic.

Comment donc s'expliquer, les choses étant en cet état en janvier 1859, que la compagnie de l'Ouest ait renouvelé son tarif commun avec la compagnie d'Orléans, en y comprenant, pour être dirigées, comme par le passé, par la gare d'Ivry, toutes les provenances des lignes du Havre, Dieppe, Fécamp, pour les au delà du Mans, sacrifiant ainsi un trafic précieux, l'aliment d'une voie nouvelle, en un mot, la recette appartenant à cette exploitation?

D'un autre côté, la compagnie d'Orléans, ainsi que nous l'avons dit plus haut, n'avait pas d'intérêt à refaire ce tarif quand on considère que toutes les destinations de son immense réseau, qui s'étend jusqu'au centre par les lignes de Nevers, Château-roux, Limoges, etc., ne pouvaient lui être enlevées, que le seul changement qui devait résulter pour elle de l'ouverture de la ligne de Mézidon était de ne recevoir qu'au point du Mans les marchandises destinées pour Tours, Angers, Angoulême, Bordeaux, qu'elle avait jusque-là transportées depuis la gare d'Ivry.

Comment donc les deux compagnies, que leurs intérêts respectifs semblaient désunir, ont-elles pu s'entendre pour renouveler ce tarif commun? L'explication en est facile à donner.

La compagnie de l'Ouest, dont le but constant est de poursuivre la navigation sur tous les points où elle peut l'atteindre, attachait une grande importance à lui fermer les portes de la gare d'Ivry, afin de lui enlever une ressource considérable. Or, le tarif commun étant le seul moyen d'y parvenir, la compagnie de l'Ouest a dû faire tous ses efforts pour le maintenir.

La compagnie d'Orléans, dont les intérêts véritables étaient contraires au tarif commun, mais quelque peu sensible au tort qu'allait lui faire la ligne de Mézidon, n'a pu consentir à rendre à la compagnie de l'Ouest ce service de bonne confraternité, sans y mettre la condition que son ancien trafic lui serait réservé et que la compagnie de l'Ouest continuerait de diriger par Paris les provenances du Havre, Dieppe, Fécamp et pour les parages de Tours, Angers, Nantes, Bordeaux, au détriment de la ligne de Mézidon, dont l'ouverture venait d'avoir lieu.

Pour démontrer au prix de quel sacrifice la compagnie de l'Ouest a réalisé cette malheureuse combinaison et les avantages qui en ressortent pour la compagnie d'Orléans, nous en établissons l'état comparatif :

CHEMIN DE FER DE L'OUEST.			
DE ROUEN aux DESTINATIONS SUIVANTES.	PART DE L'OUEST PAR TONNE.		Perte POUR L'OUEST par PARIS.
	Tarif commun PAR PARIS.	Tarif général PAR MÉZIDON.	
Tours.	15 30	35 25	19 95
Angers.	13 20	35 25	22 05
Nantes.	12 45	35 25	22 80
Poitiers.	16 »	35 25	19 25
Angoulême	16 55	35 25	18 70
Bordeaux.	15 10	35 25	20 15

CHEMIN DE FER D'ORLÉANS.			
DE ROUEN aux DESTINATIONS SUIVANTES.	PART D'ORLÉANS PAR TONNE.		Bénéfice POUR ORLÉANS par PARIS.
	Tarif commun PAR PARIS.	Tarif général PAR LE MANS (MÉZIDON).	
Tours.	25 82	15 85	9 97
Angers.	31 92	18 »	13 92
Nantes.	37 67	26 »	11 67
Poitiers.	38 12	31 85	6 27
Angoulême	52 57	49 90	2 67
Bordeaux.	62 02	61 70	» 32

Ces chiffres le constatent, la compagnie de l'Ouest a fait le sacrifice de son trafic sur la ligne de Mézidon pour obtenir le concours de la compagnie d'Orléans. C'est donc sur l'Ouest que pèse tout entière la baisse réalisée par le tarif commun.

VIII.

En parlant des tarifs communs, nous avons choisi
pour exemple celui des compagnies de l'Ouest et d'Orléans, parce qu'il offrait le caractère abusif que nous
reprochons à tous ces tarifs et qu'en même temps il
démontrait quelle était l'idée dominante des compagnies, quand elles préparent et concluent ces sortes
de traités. Néanmoins, il est des tarifs communs qui
ont une raison d'être, qui peuvent en certaines circonstances être appliqués dans l'intérêt du trafic des
compagnies, et aussi dans l'intérêt général : ce sont
les tarifs communs dits de *détournement*.

On peut ainsi, en peu de mots, définir le but et
l'économie de ce tarif : il sert à relier entr'elles, avec
un détournement considérable, des localités entre
lesquelles il n'existe point de chemin direct, et à faire
jouir, par anticipation, ces mêmes contrées des
avantages que leur procurerait une ligne directe.

Tel est le tarif commun de Rouen et du Havre vers
le Nord, avec un détournement par Paris, en attendant
la ligne directe par Amiens. Mais pour que le tarif com-

mun conserve ce caractère d'utilité sans être un des instruments d'une véritable coalition, il ne devrait être appliqué que lorsqu'il y a un détournement réel. Autrement lorsque les marchandises expédiées sur deux lignes de chemin de fer ne font que suivre naturellement la route pratiquée par l'usage, la route directe comme de l'Est et du Nord vers la ligne d'Orléans, comme de Rouen vers Limoges, Châteauroux et Nevers, il est bien évident que les compagnies n'ont aucun intérêt apparent à établir des tarifs communs, alors qu'elles pourraient jouir de tous les avantages de leurs tarifs généraux. On ne peut donc, dans ce cas, méconnaître l'effet de cette singulière tactique à laquelle s'attachent les chemins de fer, dans un but collectif, celui d'entraver, par des moyens subtils, les efforts tentés par l'industrie privée et d'arrêter le progrès de la navigation intérieure et maritime.

Si cette tactique absorbante des chemins de fer n'avait d'autre résultat que d'anéantir un moyen suranné de transports, ce serait là une conséquence logique de la loi du progrès, et l'intérêt général n'aurait qu'à gagner à la suppression d'un mode de traction impropre à donner satisfaction aux besoins toujours croissants du commerce et de l'industrie.

Mais si les chemins de fer ont réalisé la perfection dans la voie de terre et substitué la vapeur à la traction par les chevaux, la voie d'eau, de son côté, ne s'est-elle pas développée par de nouveaux canaux, ne s'est-elle pas perfectionnée par de grands travaux dans nos fleuves et rivières, par l'organisation de relais, par de nouveaux procédés de remorquage, et enfin par l'application de la vapeur à la navigation des canaux ?

Ces deux voies ont donc fait chacune un immense progrès, mais elles sont restées comparativement les mêmes, utiles l'une et l'autre, et les services qu'elles sont appelées à rendre sont plus grands et plus indispensables aujourd'hui que jamais. Le concours simultané des chemins de fer et de la navigation est tellement nécessaire à l'immense développement de notre commerce et de notre industrie, que si nos canaux n'étaient pas déjà faits, il faudrait songer aujourd'hui à les creuser. Pourquoi donc laisserait-on les chemins de fer employer des manœuvres contraires à la justice et à la raison, dans le but de condamner à une inutilité absolue ces voies si précieuses? Pourquoi laisser détruire l'œuvre de l'intelligence et du génie de plusieurs siècles? L'industrie privée, les entreprises modestes qui font valoir cette partie de la richesse publique, doivent-elles être abandonnées sans réserve aux spéculations des compagnies de chemins de fer?... Pour que la navigation puisse s'étendre et prospérer, il ne faudrait pas qu'elle fût exposée, après avoir engagé des capitaux considérables dans une entreprise, à une concurrence que les calculs les mieux établis et la saine raison l'empêchaient de prévoir. Dans toutes les industries, il y a des règles qui permettent d'apprécier le prix de revient et la valeur vénale de la chose sur laquelle on trafique. On chercherait en vain l'application de cette règle dans la manière dont les chemins de fer exploitent l'industrie des transports. On les voit varier, sans aucune base ni aucun principe, les prix de transport pour telle ou telle marchandise, pour telle ou telle localité, suivre les caprices dictés par l'esprit de concurrence dont ils sont toujours animés, et se livrer à des exagérations comme celles que nous avons déjà citées ; tout cela par abus de priviléges, dans une intention évidemment hostile et contraire à la morale et à l'ordre public.

La navigation, protégée contre ces hostilités, reprendrait bientôt une nouvelle extension, et retrouverait ses points de repère, où l'activité ne tarderait pas à se manifester de nouveau. Rouen, Orléans, Châlons-sur-Saône, Lyon, etc., etc., ressaisiraient les avantages que leur donne leur position géographique, et que leur avaient enlevés toutes les combinaisons habiles des chemins de fer.

Paris lui-même, avec ses quais magnifiques, mais trop déserts, verrait sur les bords de la Seine ce mouvement commercial qui manque à sa splendeur. Des services réguliers de bateaux s'organiseraient bientôt vers le Nord, vers Reims, les Ardennes ; vers Epernay, Nancy et Strasbourg ; vers Châlons-sur-Saône, Lyon et Marseille ; vers le centre, par Nevers et le Bourbonnais ; vers Orléans, Tours, Angers et Nantes, et compléteraient avec les services de Rouen et du Havre cet immense réseau de navigation intérieure, qui convergerait par toute la France. Un ensemble aussi vaste et aussi complet que celui que nous venons de tracer, desservant toutes nos provinces avec une vitesse de soixante, quatre-vingts et cent kilomètres par vingt-quatre heures, ne serait-il pas aussi une conquête précieuse, un bienfait immense pour le pays? Un pareil projet, digne des temps où nous vivons, serait infailliblement réalisé sans les obstacles intéressés qu'on lui oppose. Tous ces obstacles sont connus, nous les avons divulgués, en démontrant les abus que les chemins de fer ont fait des différents tarifs d'abonnement spéciaux et communs. Mais l'autorité, en permettant aux chemins de fer ces tarifs exceptionnels, qui leur donne une si grande liberté d'action, ne les a homologués *qu'à titre provisoire,* et, attentive à l'usage qu'en font les compagnies, elle a le pouvoir absolu de les régler et de les restreindre, suivant qu'il sera prouvé qu'elles en auront abusé. Or, s'il est vrai que les chemins de fer, obéissant à une politique concertée, aient composé leurs tarifs dans le but de détruire le cabotage, d'anéantir la navigation intérieure, de favoriser tel ou tel port au détriment de tel ou tel autre, d'exclure des gares de Paris les entreprises de navigation qui tenteraient de s'y fixer; s'il est vrai que sous le couvert de ces tarifs, certaines compagnies s'abandonnent à une concurrence ruineuse et commettent les injustices que nous avons signalées, le gouvernement, qui n'a certes pas voulu étendre la protection qu'il leur accorde jusqu'aux licences auxquelles elles se laissent trop facilement entraîner, interviendrait pour y mettre un terme.

On verrait alors les compagnies des Ardennes et de l'Est cesser la concurrence inexplicable qu'elles font à la navigation de Paris à Charleville.

Les tarifs spéciaux des chemins de l'Est, si habilement combinés pour fermer le canal de Paris à Strasbourg, disparaîtraient, et cette voie magnifique pourrait jouir de l'activité à laquelle elle était appelée.

Le chemin de Lyon et de la Méditerranée serait forcé de renoncer à son œuvre de destruction contre la navigation de la Saône et du Rhône. Il devrait renoncer aux combinaisons à l'aide desquelles il a privé tout le nord de la France de ses communications maritimes et directes avec notre Algérie.

Le chemin d'Orléans laisserait à la Loire et aux canaux de Briare, de Loing, d'Orléans et latéral à la Loire leur modeste trafic, et ce qu'il devrait surtout cesser au plus tôt, c'est la concurrence injuste qu'il fait à notre navigation maritime, à notre cabotage sur tous les points de l'Océan, en fermant la mer aux produits du Midi.

La compagnie de l'Ouest ne pourrait plus continuer la guerre qu'elle entretient depuis quinze ans contre la navigation de la Seine, guerre qui n'a eu pour résultat que de déprécier le chemin de fer lui-même, ainsi que les entreprises engagées dans la lutte.

Quelles seraient pour les compagnies les conséquences de cette utile réforme? Au lieu de rechercher des masses improductives qui encombrent les gares, surchargent les services et y jettent le désordre, provoquent les accidents, fatiguent la voie et le matériel par un trafic infructueux, elles entreraient dans un système d'exploitation plus digne de grandes entreprises et plus conforme à l'équité et à l'ordre commercial. Elles établiraient des tarifs justement rémunérateurs avec des classifications appropriées aux besoins du commerce. Elles perfectionneraient dans leurs services l'ordre et la célérité, priviléges précieux que jusqu'alors elles ont trop négligé de faire valoir. Elles entreraient ainsi dans la voie d'une concurrence loyale ; car on ne peut appeler ainsi la lutte actuelle entre les compagnies comblées d'immunités de toutes sortes, de subventions, et des entreprises particulières, constituées à l'aide de leurs propres capitaux, abandonnées à leurs seules ressources, agissant à leurs risques et périls. Par des moyens légitimes, elles parviendraient à améliorer sérieusement leur trafic, et dût le chiffre des recettes hebdomadaires paraître moins brillant, ce système augmenterait certainement le bénéfice réel des actionnaires, et, ce qui nous touche le plus, les avantages du public. Elles cesseraient enfin de fatiguer le gouvernement de leurs sollicitations et de leurs doléances, et n'en seraient plus réduites, par un singulier aveu d'impuissance, à indiquer comme le seul remède à une situation qui ne fait qu'empirer, l'absorption complète et radicale, par les chemins de fer, de cette navigation qu'on n'arrive pas à tuer assez promptement.

ROUEN. — IMPRIMERIE H. RIVOIRE ET Cᵉ, RUE SAINT-ÉTIENNE-DES-TONNELIERS, 1.